Chaussons

croustillants et fondants

Rosalba de Magistris
Photographies de Massimo Pessina

Albums
LAROUSSE

Sommaire

LES PAS À PAS

CHAUSSONS SALÉS

CHAUSSONS SUCRÉS

La pâte brisée, facile et délicieuse

1

Pour 4 grands chaussons (12 cm de diamètre), 8 moyens (10 cm) ou 12 à 15 petits (8 cm) : 250 g de farine, 125 g de beurre, 1 jaune d'œuf, 5 cl d'eau et 1 pincée de sel.

2

Sur le plan de travail, disposez la farine tamisée et coupez le beurre en dés.

3

Malaxez doucement le beurre et la farine entre les doigts.

4

Faites une fontaine dans le mélange farine-beurre et versez le jaune d'œuf, l'eau et le sel.

5

Travaillez la pâte du bout des doigts.

6

Étalez la pâte au rouleau puis mettez-la dans du film alimentaire. Laissez reposer au frais 20 minutes.

La pâte sablée, simple et savoureuse

1

Pour 4 grands chaussons, 8 moyens ou 12 à 15 petits : 100 g de sucre glace, 50 g d'amandes en poudre, 1 pincée de sel, 125 g de beurre, 1 œuf et 200 g de farine.

2

Dans un saladier, mélangez le sucre glace, les amandes en poudre et le sel.

3

Ajoutez le beurre en morceaux et mélangez. Ne travaillez pas trop la pâte.

4

Incorporez l'œuf entier. Travaillez du bout des doigts, puis en aplatissant la pâte avec la paume de la main.

5

Ajoutez la farine tamisée et incorporez bien tous les ingrédients.

6

Roulez la pâte en boule puis aplatissez-la et enveloppez-la dans du film alimentaire. Laissez reposer au frais 20 minutes.

Ces chaussons à la farine de maïs ont un petit air mexicain. Pourquoi ne pas les accompagner d'un bon guacamole pour un pique-nique gourmand ?

Chaussons aux légumes

PRÉPARATION : 35 MIN

REPOS DE LA PÂTE : 20 MIN

CUISSON : 20 MIN

POUR 4 GRANDS CHAUSSONS, 8 MOYENS OU 12 À 15 PETITS

Pour la pâte

> 125 g de farine de maïs
> 125 g de farine de blé
> 1 cuill. à café de chaque épice : cumin, curry, garam massala
> 125 g de beurre ramolli
> 1 jaune d'œuf + 1 pour dorer
> 1 pincée de sel
> 5 cl d'eau

Pour la farce

> 2 petites courgettes
> 1 poivron
> 2 tomates
> 50 g d'olives vertes dénoyautées
> 1 cuill. à soupe d'huile

Préparez la pâte. Dans un saladier, mélangez les deux farines avec les épices et le beurre. Ajoutez le jaune d'œuf, le sel et l'eau. Mélangez sans trop travailler la pâte. Enveloppez-la dans du film alimentaire. Laissez reposer au frais pendant 20 minutes.

Préparez la farce. Coupez les courgettes, le poivron et les tomates en petits cubes. Hachez les olives. Dans une poêle, chauffez l'huile et faites revenir les courgettes et les poivrons. Laissez-les colorer, puis ajoutez les tomates et les olives.

Préchauffez le four à 180 °C (therm. 6). Étalez finement la pâte à l'aide d'un rouleau à pâtisserie. Découpez des disques dans la pâte à l'aide d'un emporte-pièce ou d'un moule à chaussons.

Répartissez de la farce aux légumes sur les disques de pâte. Badigeonnez les bords de jaune d'œuf dilué dans un peu d'eau. Fermez bien les chaussons en exerçant une légère pression sur les bords pour les souder.

Disposez les chaussons sur une plaque de cuisson recouverte de papier sulfurisé. Badigeonnez-les de jaune d'œuf. Enfournez pour 20 minutes environ.

Pour une présentation originale de ces bouchées, réalisez des cornets en papier et déposez dedans quelques mini-chaussons, ils seront irrésistibles.

Chaussons tomates cerises, mozzarella et roquette

PRÉPARATION : 30 MIN
REPOS DE LA PÂTE : 20 MIN
CUISSON : 20 MIN

POUR 12 À 15 PETITS CHAUSSONS

Pour la pâte brisée
- 250 g de farine
- 125 g de beurre
- 1 jaune d'œuf + 1 pour dorer
- 5 cl d'eau
- 1 pincée de sel

Pour la farce
- 200 g de tomates cerises
- 250 g de mozzarella
- 150 g de roquette
- 2 cuill. à soupe d'huile
- 1 pincée de sel

Préparez la pâte brisée (voir pas à pas p. 4).

Préparez la farce. Coupez les tomates cerises et la mozzarella en petits dés. Taillez la roquette en morceaux. Mélangez le tout et assaisonnez d'huile et de sel.

Préchauffez le four à 180 °C (therm. 6). Étalez la pâte brisée. Découpez dans la pâte des disques de 8 cm de diamètre à l'aide d'un emporte-pièce ou d'un moule à chaussons. Déposez au milieu de chaque disque une petite cuillerée de farce. Badigeonnez les bords de jaune d'œuf dilué dans un peu d'eau. Fermez délicatement les chaussons en exerçant une légère pression sur les bords pour les souder.

Disposez les chaussons sur une plaque de cuisson recouverte de papier sulfurisé. Badigeonnez de jaune d'œuf le dessus des chaussons à l'aide d'un pinceau. Enfournez pour 20 minutes environ.

Pour accompagner : Pour une entrée ou un plat principal, proposez ces chaussons avec de la salade verte, de la feta et des olives noires.

Pour un apéritif gourmand, testez ces chaussons en forme de triangle, croustillants au-dehors et fondants au-dedans…

Chaussons végétariens

PRÉPARATION : 15 MIN
CUISSON : 5 MIN PAR CHAUSSON

POUR 12 SAMOUSSAS

> 6 feuilles de brick
> huile pour friture
> 50 g de graines de sésame noir

Pour la farce

> 2 carottes
> 2 oignons
> 2 cuill. à soupe d'huile d'olive
> 1 cuill. à café de ras el-hanout
> 1/2 botte de coriandre fraîche
> sel

Préparez la farce. Lavez les carottes, pelez-les puis râpez-les. Pelez les oignons puis émincez-les finement. Chauffez un peu d'huile d'olive dans une poêle et faites revenir les oignons émincés et les carottes râpées ; salez. En fin de cuisson, ajoutez le ras el-hanout et la coriandre.

Coupez les feuilles de brick en deux. Prenez une demi-feuille (laissez les autres sous un linge humide pour les empêcher de sécher). Repliez vers le milieu la partie ronde du demi-cercle pour obtenir une bande rectangulaire. Déposez un peu de farce à une extrémité de la bande. Pliez la bande en biais sur la farce en formant un triangle. Faites un nouveau pli en retournant le triangle sur la bande. Continuez de plier en triangle jusqu'au bout de la bande. Glissez la partie de la feuille de brick qui dépasse dans la dernière pliure, comme pour fermer une enveloppe.

Chauffez l'huile de friture et plongez-y aussitôt les samoussas. Dès qu'ils sont dorés. Sortez-les et déposez-les sur du papier absorbant. Servez aussitôt, parsemés de graines de sésame noir.

Il y a mille et une façons de préparer des chaussons et en voici un bel exemple : la pâte de celui-ci s'inspire du pain indien, le Naan. À tester les yeux fermés.

Chaussons Naan

PRÉPARATION : 30 MIN

REPOS DE LA PÂTE : 1 H

CUISSON : 25 MIN

POUR 4 GRANDS CHAUSSONS

Pour la pâte

> 1 cuill. à café de levure de boulangerie déshydratée
> 1 cuill. à café de sucre
> 225 g de farine
> 1 cuill. à café de sel
> 1 cuill. à café de beurre fondu
> 1 cuill. à café de graines de pavot

Pour la sauce tomate

> 1 kg de tomates
> 1 oignon
> 1 cuill. à soupe d'huile
> 1 pincée de piment d'Espelette

Préparez la pâte. Dans un bol, mélangez 10 à 15 cl d'eau tiède avec la levure et le sucre, laissez lever quelques minutes. Dans un saladier, mélangez la farine, le sel, le beurre fondu, la levure et les graines de pavot. Pétrissez la pâte pendant 5 minutes puis couvrez-la avec un torchon. Laissez-la reposer pendant 1 heure.

Préparez la sauce tomate. Faites bouillir une casserole d'eau et plongez-y les tomates pour les peler plus facilement, puis coupez-les en quatre. Enlevez les cœurs et les pépins, puis taillez les quartiers en cubes. Émincez finement l'oignon. Faites chauffer l'huile dans une poêle et faites-y revenir l'oignon. Ajoutez les dés de tomate et faites cuire à feu vif pendant 6 minutes. Ajoutez le piment d'Espelette.

Préchauffez le four à 180 °C (therm. 6). Sur un plan de travail fariné, étalez finement la pâte à l'aide d'un rouleau à pâtisserie. Découpez 8 disques à l'aide d'un emporte-pièce ou d'un moule à chaussons. Garnissez 4 disques de pâte d'une cuillerée de sauce tomate. Posez les 4 autres disques par-dessus et soudez bien les bords des chaussons. Enfournez pour 15 à 20 minutes.

Pour accompagner : Ces chaussons seront délicieux avec un mélange de légumes cuits à la vapeur.

Il ne faut pas aller très loin pour goûter les parfums de l'Inde : un chausson, quelques épices et le voyage commence.

Chaussons aux épices indiennes

PRÉPARATION : 30 MIN

REPOS DE LA PÂTE : 15 MIN

CUISSON : 10 MIN POUR LA FARCE + 3 MIN PAR CHAUSSON

POUR 4 GRANDS CHAUSSONS, 8 MOYENS OU 12 À 15 PETITS

> huile pour friture

Pour la pâte

> 1 cuill. à café de sucre
> 15 g de levure de boulangerie
> 200 g de farine
> 50 g de semoule
> 1/2 cuill. à café de sel
> 1 cuill. à soupe de beurre fondu
> 2 cuill. à soupe de yaourt nature

Pour la farce

> 1 oignon
> 2 cuill. à soupe d'huile
> 2 aubergines
> 2 cuill. à café de gingembre, ail en poudre, graines de coriandre, cumin, curry, pavot, sésame, noix de coco râpée
> 2 cuill. à soupe de cacahuètes
> 1/2 cuill. à café de piment

Préparez la pâte. Dans un bol, mélangez 10 à 15 cl d'eau tiède avec le sucre et la levure, laissez lever quelques minutes. Dans un saladier, mélangez la farine, la semoule, le sel, et enfin la levure puis pétrissez. Versez le beurre fondu et le yaourt, travaillez la pâte, puis enveloppez-la dans du film alimentaire. Laissez reposer pendant 15 minutes.

Préparez la farce. Faites revenir l'oignon émincé dans une poêle avec l'huile. Ajoutez les aubergines coupées en dés et faites cuire 5 minutes. Ajoutez le gingembre, l'ail, la coriandre, le cumin et le curry. Faites revenir un instant puis mettez le pavot, le sésame, la noix de coco râpée, les cacahuètes et le piment. Si le mélange est trop épais, ajoutez un peu d'eau chaude. Laissez cuire quelques minutes.

Étalez la pâte à l'aide d'un rouleau à pâtisserie et découpez des disques de pâte à l'aide d'un emporte-pièce ou d'un moule à chaussons. Répartissez la farce et refermez les chaussons. Faites chauffer l'huile dans une cocotte. Plongez-y les chaussons et faites-les dorer sur tous les côtés. Épongez-les sur du papier absorbant.

Pour accompagner : Proposez ces chaussons avec un chutney de mangue ou de tomate verte.

EN, CUCINA, KUCHNIA, COCINA, KUCHE, CO

Mettez autant de variétés de fromages que la gourmandise vous inspire : bleu, comté, chèvre frais, gorgonzola…

Chaussons aux quatre fromages

PRÉPARATION : 15 MIN

CUISSON : 15 MIN

POUR 4 GRANDS CHAUSSONS, 8 MOYENS OU 12 À 15 PETITS

> 1 rouleau de pâte à pizza

Pour la farce

> 1 mozzarella di buffala de 125 g environ

> 50 g de mascarpone

> 50 g de parmesan

> 50 g de gruyère ou de comté

Préchauffez le four à 180 °C (therm. 6). Coupez les fromages en petits cubes.

Déroulez la pâte à pizza. Découpez dedans des disques à l'aide d'un emporte-pièce ou d'un moule à chaussons. Répartissez les morceaux de fromage au centre de chaque disque et fermez délicatement les chaussons en soudant bien les bords.

Disposez les chaussons sur une plaque recouverte de papier sulfurisé. Enfournez pour 15 minutes environ. La surface doit être bien dorée. Dégustez dès la sortie du four.

Pour accompagner : Pour une entrée ou un plat principal, proposez ces chaussons gourmands avec une salade d'endives, de quartiers de pamplemousse et quelques brins de fenouil.

Ce chausson est un véritable classique indémodable à déguster en toutes saisons.

Chaussons champignons, fromage et jambon

PRÉPARATION : 20 MIN

REPOS DE LA PÂTE : 20 MIN

CUISSON : 25 MIN

POUR 4 GRANDS CHAUSSONS, 8 MOYENS OU 12 À 15 PETITS

Pour la pâte brisée

> 250 g de farine
> 125 g de beurre
> 1 jaune d'œuf + 1 pour dorer
> 5 cl d'eau
> 1 pincée de sel

Pour la farce

> 2 échalotes
> 200 g de champignons de Paris
> 1 cuill. à soupe d'huile
> 5 cl de vin blanc
> 2 tranches de jambon cuit aux herbes
> 100 g de cantal ou d'emmental

Préparez la pâte brisée (voir pas à pas p. 4).

Préparez la farce. Ciselez les échalotes. Coupez les champignons en petits cubes. Faites chauffer l'huile dans une sauteuse, faites revenir les échalotes, puis ajoutez les champignons ; versez le vin et faites cuire à feu vif pendant 5 minutes en remuant sans cesse. Détaillez le jambon en cubes, râpez le fromage.

Préchauffez le four à 180 °C (therm. 6). Déroulez la pâte brisée et découpez des disques de pâte à l'aide d'un emporte-pièce ou d'un moule à chaussons. Répartissez la poêlée de champignons, le jambon et le fromage râpé sur les disques et badigeonnez les bords de jaune d'œuf dilué dans un peu d'eau. Fermez les chaussons et soudez bien les bords.

Disposez les chaussons sur une plaque recouverte de papier sulfurisé et badigeonnez-les de jaune d'œuf. Posez une lamelle de champignon sur le dessus. Enfournez pour 20 minutes environ.

Pour accompagner : En format mini, ces chaussons seront parfaits pour un apéritif dînatoire. Si vous les préférez plus grands, proposez-les en plat principal avec une purée de patates douces.

Voici un chausson très savoureux, à déguster avec une salade de mâche, de grenade et une vinaigrette à la framboise.

Chaussons pommes de terre, comté et lardons

PRÉPARATION : 20 MIN

CUISSON : 30 MIN

POUR 4 GRANDS CHAUSSONS, 8 MOYENS OU 12 À 15 PETITS

> 1 rouleau de pâte feuilletée
> 1 jaune d'œuf pour dorer

Pour la farce

> 3 pommes de terre (type ratte)
> 1 brin de thym
> 1 gousse d'ail
> 50 g de comté
> 50 g de lardons
> sel

Préchauffez le four à 180 °C (therm. 6).

Préparez la farce. Faites cuire les pommes de terre à l'eau salée, avec un brin de thym et une gousse d'ail pour parfumer l'eau. Quand elles sont cuites, pelez-les et coupez-les en petits cubes. Coupez également le comté et les lardons en cubes.

Préchauffez le four à 180 °C (therm. 6). Déroulez la pâte feuilletée, coupez des disques à l'aide d'un emporte-pièce ou d'un moule à chaussons. Répartissez les pommes de terre, le comté et les lardons sur les disques. Badigeonnez les bords de jaune d'œuf dilué dans un peu d'eau et fermez les chaussons en appuyant légèrement sur les bords pour bien les souder.

Disposez les chaussons sur une plaque recouverte de papier sulfurisé et badigeonnez-les de jaune d'œuf. Enfournez pour 15 à 20 minutes, selon la taille des chaussons. Dégustez rapidement dès la sortie du four.

Vous ne résisterez pas à la recette originale de ce chausson à la sauce bolognaise. Accompagné d'une salade, il peut faire un bon repas.

Chaussons à la bolognaise

PRÉPARATION : 45 MIN

CUISSON : 10 MIN

POUR 4 GRANDS CHAUSSONS, 8 MOYENS OU 12 À 15 PETITS

> 1 pâte à pizza préétalée
> huile pour friture

Pour la sauce

> 1 carotte
> 1 oignon
> 1 branche de céleri
> 150 g de viande de bœuf hachée
> 50 g de lardons
> 200 g de purée de tomate
> sel et poivre du moulin

Préparez la sauce. Lavez, pelez et hachez finement la carotte, l'oignon et le céleri. Dans une sauteuse, faites suer les légumes, ajoutez le bœuf haché et les lardons et laissez cuire à feu vif pendant 5 ou 6 minutes. Salez, ajoutez la purée de tomate et laisser réduire. Rectifiez l'assaisonnement et réservez.

Déroulez la pâte à pizza. Découpez des disques à l'aide d'un emporte-pièce ou d'un moule à chaussons. Répartissez la sauce bolognaise au centre de chaque disque et fermez les chaussons en exerçant une légère pression sur les bords pour bien les souder.

Faites chauffer l'huile de friture dans une grande poêle. Mettez les chaussons à frire, jusqu'à ce qu'ils soient bien dorés. Épongez-les sur du papier absorbant pour ôter l'excédent d'huile.

Vous pouvez remplacer la dinde par du poulet ou de l'agneau, vos chaussons seront tout aussi savoureux.

Chaussons marocains

PRÉPARATION : 30 MIN

CUISSON : 30 MIN

POUR 4 GRANDS CHAUSSONS

> 2 rouleaux de pâte feuilletée
> 1 jaune d'œuf pour dorer

Pour la farce

> 5 cm de gingembre frais
> 1 petite poignée de raisins secs (15 g environ)
> 2 filets de dinde
> 2 cuill. à soupe d'huile d'olive
> 1 cuill. à café de ras el-hanout
> quelques feuilles de menthe
> quelques feuilles d'épinard
> sel

Préchauffez le four à 200 °C (therm. 6-7).

Préparez la farce. Pelez et râpez la racine de gingembre. Mettez à tremper les raisins dans de l'eau tiède. Découpez en fines lanières les filets de dinde.

Faites chauffer un filet d'huile d'olive dans une sauteuse. Salez légèrement les filets de dinde et faites-les colorer. Ajoutez le gingembre râpé et le ras el-hanout, baissez le feu et laissez cuire tout doucement pendant 7 ou 8 minutes. En fin de cuisson ajoutez les raisins égouttés, les feuilles de menthe et les feuilles d'épinard hachées grossièrement. Réservez.

Déroulez les rouleaux de pâte feuilletée et coupez-les en deux. Découpez un carré dans chaque moitié pour obtenir 4 carrés. Déposez un peu de farce au milieu de chaque carré, rabattez les côtés. Soudez-les en les badigeonnant de jaune d'œuf dilué dans un peu d'eau, dorez également la surface. Disposez les chaussons sur une plaque recouverte de papier sulfurisé. Enfournez pour 20 minutes environ.

Pour accompagner : Pour un bon repas, servez ces chaussons sur un salade de jeunes pousses.

Si vous êtes pressé, utilisez de la pâte à raviolis chinois prédécoupée en carrés. Et s'il en reste, sachez qu'elle se prête à de nombreuses préparations.

Raviolis à la viande et sauce tomate

PRÉPARATION : 30 MIN

CUISSON : 18 MIN

POUR 4 PERSONNES

Pour les raviolis

> 1 brin de chaque herbe : persil, ciboulette, cerfeuil, coriandre, menthe
> le zeste de 1 citron
> 15 g de pignons
> 150 g de chair à saucisse hachée (ou de chair de veau)
> 1 paquet de pâte à raviolis chinois
> 1 jaune d'œuf

Pour la sauce tomate

> 1 oignon
> 2 cuill. à soupe d'huile
> 300 g de tomates concassées
> sel et poivre du moulin

Préparez les raviolis. Hachez finement les herbes, râpez le zeste du citron et concassez grossièrement les pignons. Mélangez-les dans un saladier avec la chair à saucisse. Salez et poivrez. Farinez légèrement les carrés de pâte à raviolis (étape 1). Étalez-les sur un plan de travail et déposez dessus une cuillerée de farce (étape 2). Badigeonnez les extrémités des carrés avec du jaune d'œuf et pliez ceux-ci en triangle. À l'aide d'une petite roue dentelée, découpez délicatement les bords des chaussons (étape 3).

Préparez la sauce tomate. Émincez finement l'oignon. Dans une cocotte, faites dorer l'oignon avec l'huile, ajoutez les tomates concassées et laissez cuire à feu doux pendant 15 minutes, salez et poivrez au besoin. Réservez.

Chauffez une très grande quantité d'eau salée. Plongez les raviolis dans l'eau pendant 2 ou 3 minutes, égouttez-les délicatement à l'aide d'une écumoire. Servez les raviolis accompagnés de la sauce tomate.

1

2

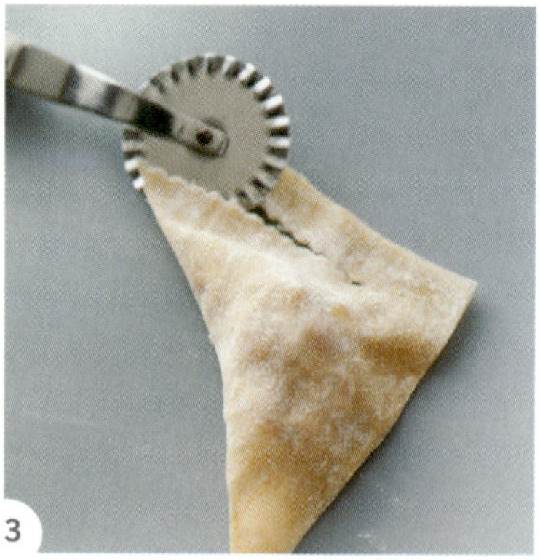
3

Pour varier les saveurs, ce chausson léger et frais peut aussi être préparé avec de la truite fumée ou de l'espadon.

Chaussons au saumon mariné

PRÉPARATION : 30 MIN
REPOS DE LA PÂTE : 20 MIN
MARINADE : 20 MIN
CUISSON : 20 MIN

POUR 4 GRANDS CHAUSSONS, 8 MOYENS OU 12 À 15 PETITS

Pour la pâte brisée
> 250 g de farine
> 125 g de beurre
> 1 jaune d'œuf + 1 pour dorer
> 5 cl d'eau
> 1 pincée de sel

Pour la farce
> 1 pamplemousse
> quelques baies roses
> 2 tranches de saumon fumé
> 15 cl de crème liquide
> 2 brins d'aneth
> sel et poivre du moulin

Préparez la pâte brisée (voir pas à pas p. 4).

Préparez la farce. Dans un saladier, pressez le pamplemousse, ajoutez les baies roses et mettez à mariner le saumon coupé en morceaux, pendant 15 à 20 minutes. Dans un petit bol, mélangez la crème liquide et l'aneth, salez et poivrez.

Préchauffez le four à 180 °C (therm. 6). Sur un plan de travail fariné, étalez finement la pâte brisée. Découpez dans la pâte des disques à l'aide d'un emporte-pièce ou d'un moule à chaussons. Répartissez sur chaque disque du saumon et du pamplemousse. Ajoutez un peu de crème liquide à l'aneth. Badigeonnez les bords de jaune d'œuf dilué dans un peu d'eau et fermez les disques pour former les chaussons, en appuyant légèrement sur les bords pour les souder. Badigeonnez le dessus de jaune d'œuf. Enfournez pour 15 à 20 minutes, selon la taille des chaussons. Servez aussitôt.

Pour accompagner : Proposez une chantilly mi-montée (ne battez que quelques minutes la crème liquide bien froide), avec de la ciboulette, du citron, du sel et du poivre.

Voici une bonne idée de recette à réaliser avec les enfants. Ils seront ravis de tremper les feuilles de riz dans l'eau puis de les rouler avec les crevettes.

Chaussons aux crevettes

PRÉPARATION : 20 MIN
MARINADE : 20 MIN
CUISSON : 5 MIN

POUR 16 PETITS CHAUSSONS

> 16 feuilles de riz

Pour la farce

> le jus de 1 citron vert
> 5 cl de sauce de poisson (nuoc-mâm)
> 2 oignons nouveaux émincés
> 1 gousse d'ail
> 5 cm de gingembre frais
> 2 ou 3 brins de coriandre
> 1 piment (facultatif)
> 16 crevettes fraîches ou surgelées

Préparez la farce. Mélangez dans un saladier le jus de citron, la sauce nuoc-mâm, les oignons émincés, l'ail et le gingembre préalablement hachés, la coriandre et, éventuellement, le piment. Faites mariner les crevettes pendant 20 minutes environ.

Remplissez un saladier ou un grand bol d'eau chaude, mais pas bouillante. Plongez-y quelques minutes une feuille de riz pour qu'elle ramollisse. Étalez-la sur le plan de travail ou sur une planche propre et sèche (n'utilisez pas de torchon). Disposez une crevette au milieu de la feuille, vers le bas, rabattez les côtés droit et gauche et roulez la feuille sur elle-même en partant du bas. Formez ainsi les chaussons aux crevettes jusqu'à épuisement des ingrédients.

Mettez délicatement les rouleaux dans le panier d'un cuit-vapeur et laissez cuire 5 minutes. Servez immédiatement.

Pour accompagner : Servez ces chaussons en entrée, avec une salade de petites pousses de soja, d'alfalfa et de fenouil, assaisonnée de vinaigre de riz.

Pour simplifier la préparation, utilisez des fruits de mer surgelés. Attention, pendant la cuisson ils seront gorgés d'eau : laissez bien le liquide s'évaporer avant d'ajouter le vin.

Chaussons aux fruits de mer et aux courgettes

PRÉPARATION : 30 MIN

REPOS DE LA PÂTE : 20 MIN

CUISSON : 25 MIN

POUR 4 GRANDS CHAUSSONS, 8 MOYENS OU 12 À 15 PETITS

> 150 g de mélange de graines (courge, tournesol, sésame)

Pour la pâte brisée

> 125 g de farine de sarrasin
> 125 g de farine de blé
> 125 g de beurre
> 1 jaune d'œuf + 1 pour dorer
> 5 cl d'eau
> 1 pincée de sel

Pour la farce

> 1 courgette
> 1 cuill. à soupe d'huile
> 200 g de mélange de fruits de mer surgelés
> 1 gousse d'ail
> 5 cl de vin blanc
> 1 petite branche de thym
> sel et poivre du moulin

Préparez la pâte brisée (voir pas à pas p. 4), en remplaçant les 250 g de farine par le mélange de farine de blé et de farine de sarrasin.

Préparez la farce. Lavez et coupez la courgette en petits cubes. Chauffez l'huile dans une poêle et faites revenir les fruits de mer, ajoutez la gousse d'ail entière et fendue sur le côté, versez le vin puis laissez réduire à feu vif. Baissez le feu, ajoutez les dés de courgette et le thym, salez et poivrez. Laissez cuire 6 minutes.

Préchauffez le four à 180 °C (therm. 6). Étalez finement la pâte brisée. Découpez des disques à l'aide d'un emporte-pièce ou d'un moule à chaussons.

Déposez une petite cuillerée à soupe de farce au milieu de chaque disque de pâte. Badigeonnez les bords de jaune d'œuf dilué dans un peu d'eau et fermez le chausson en appuyant légèrement pour bien souder les bords. Dorez le dessus avec le jaune d'œuf et parsemez de graines (courge, tournesol, sésame). Déposez les chaussons sur une plaque recouverte de papier sulfurisé et enfournez pour 20 minutes environ. Dégustez chaud.

Pour accompagner : Si vous servez ces chaussons en plat principal, accompagnez-les d'une ratatouille.

Voici une belle idée pour déguster le poisson autrement qu'en filet ou pané : essayez ces raviolis de poisson à la chinoise. C'est un plat simple et raffiné.

Raviolis au poisson

PRÉPARATION : 30 MIN

MARINADE : 15 MIN

CUISSON : 25 MIN

POUR 4 PERSONNES

Pour le bouillon

> 4 oignons nouveaux
> 4 mini-carottes épluchées (ou 2 grandes)
> 1 botte de cives
> 1 petit poireau
> 5 cm de gingembre frais
> 5 cm de galanga (facultatif)
> 100 g de petit pois écossés
> sel

Pour les raviolis

> 2 filets de cabillaud sans peau (de lieu ou de loup)
> 20 cl de vinaigre de riz
> 1/2 botte de coriandre
> 20 feuilles de riz
> huile de sésame
> 1 piment frais (facultatif)

Préparez le bouillon. Dans une cocotte, versez 2 litres d'eau salée, mettez-y les oignons nouveaux, les carottes, les cives, le poireau découpé finement, le gingembre pelé et découpé en rondelles et, éventuellement, le galanga. Laissez cuire 20 minutes. Environ 5 minutes avant la fin de cuisson, ajoutez les petit pois.

Préparez les raviolis. Découpez les filets de poisson en petits cubes de 2 ou 3 cm de côté et laissez-les mariner dans le vinaigre de riz pendant 15 minutes avec les feuilles de coriandre.

Plongez les feuilles de riz une à une dans un bol d'eau chaude mais pas bouillante. Laissez-les ramollir et étalez-les sur un plan de travail bien sec. Découpez la feuille en deux si elle est trop grande, puis disposez un cube de poisson au milieu et pliez-la de façon à obtenir un petit paquet. Continuez ainsi jusqu'à épuisement des morceaux de poisson.

Chauffez le bouillon et plongez-y les raviolis pendant 3 ou 4 minutes. Servez les petits raviolis de poisson avec le bouillon chaud, quelques gouttes d'huile de sésame et, éventuellement, le piment frais.

Ces chaussons classiques seront encore meilleurs accompagnés de crème Chantilly. Trempez-les généreusement dedans avant de les croquer !

Chaussons aux pommes

PRÉPARATION : 15 MIN

CUISSON : 30 MIN

POUR 4 GRANDS CHAUSSONS,
8 MOYENS OU 12 À 15 PETITS

> 1 rouleau de pâte feuilletée
> 1 jaune d'œuf pour dorer

Pour la compote de pomme

> 3 pommes golden
> 50 g de beurre
> 50 g de sucre roux
> 1 pincée de cannelle
> 1 pincée de muscade
> 2 clous de girofle

Préparez la compote de pommes. Lavez et pelez les pommes, coupez-les en petits morceaux. Dans une casserole, faites fondre le beurre, ajoutez les dés de pomme, le sucre et les épices. Laissez cuire à feu doux pendant 10 minutes environ. Quand les pommes sont cuites, écrasez-les grossièrement avec une fourchette et laissez refroidir.

Préchauffez le four à 180 °C (therm. 6). Déroulez la pâte feuilletée et découpez dedans des disques à l'aide d'un emporte-pièce ou d'un moule à chaussons.

Déposez un peu de compote au milieu de chaque disque, en prenant soin de laisser les bords bien dégagés. À l'aide d'un pinceau, enduisez ceux-ci de jaune d'œuf dilué dans de l'eau. Fermez délicatement les chaussons en appuyant bien sur les bords pour les souder. Badigeonnez le dessus de jaune d'œuf et enfournez pour 20 minutes environ.

Testez ce mariage gourmand : un chausson tout chaud servi avec une boule de glace à la vanille...

Chaussons Tatin

PRÉPARATION : 40 MIN

REPOS DE LA PÂTE : 20 MIN

CUISSON : 30 MIN

POUR 4 GRANDS CHAUSSONS

Pour la pâte sablée

> 100 g de sucre glace
> 50 g d'amandes en poudre
> 1 pincée de sel
> 125 g de beurre
> 1 œuf + 1 pour dorer
> 200 g de farine

Pour la garniture

> 4 pommes golden
> 50 g de beurre
> 500 g de sucre

Préparez la pâté sablée (voir pas à pas page 5).

Préparez la garniture. Lavez les pommes et découpez-les en 8 quartiers, ôtez les cœurs et les pépins. Dans une sauteuse, faites cuire les pommes avec le beurre pendant 5 ou 6 minutes. Dans une petite casserole, mettez à fondre le sucre avec 5 cl d'eau. Laissez cuire à feu doux jusqu'à obtenir un caramel brun. Chauffez 2,5 cl d'eau et versez doucement l'eau sur le caramel pour arrêter la cuisson. Fouettez ensuite le caramel, puis arrêtez le feu et réservez.

Préchauffez le four à 180 °C (therm. 6). Étalez la pâte sablée à l'aide d'un rouleau à pâtisserie et découpez 8 disques à l'aide d'un emporte-pièce ou d'un moule à chaussons. Disposez-les sur une plaque recouverte de papier sulfurisé.

Déposez des quartiers de pomme sur 4 disques et versez un peu de caramel (attention à ne pas déborder). À l'aide d'un pinceau, badigeonnez les bords des disques de jaune d'œuf dilué dans un peu d'eau. Disposez par-dessus un autre disque de pâte sablée et pressez les bords pour souder les deux disques. Dorez la surface avec le jaune d'œuf. Enfournez pour 20 à 25 minutes.

Chaussons banane et chocolat

PRÉPARATION : 10 MIN

CUISSON : 20 MIN

POUR 4 GRANDS CHAUSSONS,
8 MOYENS OU 12 À 15 PETITS

Pour la garniture

> 1 banane
> 20 g de beurre
> 50 g de sucre
> 200 g de chocolat noir à 66 %

Pour la pâte

> 1 rouleau de pâte brisée (ou voir pas à pas p. 4)
> 1 œuf pour la dorure

Préchauffez le four à 180 °C (therm. 6).

Préparez la garniture. Dans une poêle, faites cuire à feu vif les rondelles de banane avec le beurre. Ajoutez le sucre et laissez caraméliser. Réservez. Hachez 50 g de chocolat.

Étalez la pâte brisée et découpez des disques à l'aide d'un emporte-pièce ou d'un moule à chaussons. Déposez au centre de chaque disque une petite quantité de banane et de chocolat. Badigeonnez les bords de la pâte de jaune d'œuf et fermez les chaussons. Dorez la surface et enfournez pour 20 minutes.

Faites fondre le chocolat restant au bain-marie. Plongez la moitié d'un chausson dans le chocolat fondu et laissez-le durcir sur la grille. Faites de même pour les autres chaussons.

Chaussons citron et chocolat

PRÉPARATION : 45 MIN

REPOS DE LA PÂTE : 20 MIN

CUISSON : 20 MIN

POUR 4 GRANDS CHAUSSONS,
8 MOYENS OU 12 À 15 PETITS

Pour la pâte

> 1 sachet de 250 g de préparation pour brioche (en grandes surfaces)
> 10 cl de lait

Pour la garniture

> 100 g de chocolat au lait
> 20 g de citron confit
> 25 g de sucre glace
> 125 g de ricotta
> le zeste de 1 citron

Préparez la pâte à brioche en suivant les instructions sur le paquet. Coupez-la en plusieurs morceaux et roulez ceux-ci en boules. Pour éviter que la pâte lève, aplatissez les boules entre deux feuilles de papier sulfurisé. Laissez reposer pendant 20 minutes au réfrigérateur.

Préchauffez le four à 180 °C (therm. 6).

Préparez la garniture. Concassez le chocolat et coupez le citron confit en petits morceaux. Dans un bol, mélangez le sucre avec la ricotta, puis ajoutez le chocolat, les morceaux de citron et le zeste. Mélangez bien. Étalez finement la pâte à l'aide d'un rouleau à pâtisserie et découpez des disques. Déposez un peu de farce au milieu de chaque disque, puis fermez les chaussons. À l'aide d'un pinceau, badigeonnez-les de lait. Enfournez pour 20 minutes environ.

Ce chausson très particulier est en réalité... une crêpe roulée ! Pour les gourmands, servez-la avec un caramel parfumé au rhum.

Chaussons roulés poires et mirabelles

PRÉPARATION : 30 MIN
REPOS DE LA PÂTE : 20 MIN
CUISSON : 3 MIN PAR CRÊPE

POUR 8 CHAUSSONS

Pour la pâte à crêpes
> 125 g de farine
> 25 cl de lait
> 2 jaunes d'œufs
> 1 cuill. à café d'eau de fleur d'oranger
> beurre pour la cuisson

Pour la garniture
> 2 poires
> 100 g de mirabelles
> 20 g de beurre
> 3 cl de rhum

Préparez la pâte à crêpes en mélangeant la farine, le lait, les jaunes d'œuf et l'eau de fleur d'oranger. Laissez-la reposer pendant 20 minutes au réfrigérateur.

Préparez la garniture. Lavez les poires et les mirabelles puis coupez-les en petits morceaux. Dans une petite sauteuse, faites fondre 20 g de beurre, ajoutez les poires et les mirabelles et laissez cuire à feu vif. Versez le rhum et laissez évaporer l'alcool. Réservez.

Faites cuire les crêpes dans une poêle adaptée, beurrée et bien chaude.

Déposez un peu de garniture au milieu de la crêpe, vers le bas. Rabattez les côtés et roulez la crêpe. Chauffez le beurre dans la poêle et faites légèrement dorer les crêpes.

Le croustillant de la pâte se marie parfaitement avec l'ananas. Pour varier, prenez une mangue bien mûre.

Chaussons à l'ananas aigre-doux

PRÉPARATION : 20 MIN
CUISSON : 25 MIN

POUR 12 CHAUSSONS

> 6 feuilles de pâte filo

Pour la garniture

> 30 g de raisins secs
> 1 ananas
> 5 cl d'huile
> 1/4 de cuill. à café de graines de moutarde
> 1/4 d'oignons séchés
> 1 cuill. à café de gingembre frais haché
> 1/2 cuill. à café de piment (facultatif)
> 70 g de sucre en poudre
> 1 pincée de sel

Préparez la garniture. Mettez à tremper les raisins dans de l'eau tiède. Pelez et coupez l'ananas en morceaux, en prenant soin d'ôter la partie centrale très fibreuse. Dans une poêle, faites chauffer l'huile et faites revenir les morceaux d'ananas avec les graines de moutarde, les oignons, le gingembre et, si vous le souhaitez, le piment. Laissez réduire à feu vif, ajoutez le sucre, la pincée de sel et les raisins secs égouttés. Laisser cuire pendant 5 ou 6 minutes.

Préchauffez le four à 180 °C (therm. 6). Déroulez la pâte filo délicatement sur une planche. Coupez les feuilles en 4, superposez 2 carrés de pâte et déposez une cuillerée à café de garniture au milieu. Refermez doucement pour former une aumônière. Réalisez ainsi 12 chaussons. Placez-les sur une plaque recouverte de papier sulfurisé et enfournez pour 15 à 20 minutes.

Pour varier, remplacez le mascarpone par de la ricotta ou par un autre fromage tel que la faisselle ou la jonchée, une spécialité de Charente-Maritime.

Chaussons mascarpone, noix de coco et fruits rouges

PRÉPARATION : 15 MIN

CUISSON : 20 MIN

POUR 4 GRANDS CHAUSSONS, 8 MOYENS OU 12 À 15 PETITS

> 1 rouleau de pâte feuilletée
> 1 jaune d'œuf pour dorer

Pour la garniture

> 125 g de mascarpone
> 25 g de sucre glace
> 125 g de fruits rouges mélangés
> 50 g de noix de coco râpée
> 10 cl d'eau de noix de coco (facultatif)

Préchauffez le four à 200 °C (therm. 6-7).

Préparez la garniture. Dans un saladier, mélangez le mascarpone avec le sucre glace, les fruits rouges et la noix de coco râpée. Si le mélange épaissit trop, diluez-le légèrement avec l'eau de coco.

Déroulez la pâte feuilletée. Découpez des disques à l'aide d'un emporte-pièce ou d'un moule à chaussons. Déposez un peu de garniture au milieu. Badigeonnez les bords de jaune d'œuf dilué avec un peu d'eau. Fermez les chaussons et exercez une légère pression sur les bords pour bien les souder. Dorez le dessus avec le jaune d'œuf. Enfournez pour 20 minutes environ.

Cette délicieuse pâte est réalisée avec de l'huile d'olive et du vin ! Incroyable mais vrai… Et le résultat est simplement savoureux.

Raviolis noix et confiture de raisins

PRÉPARATION : 15 MIN
REPOS DE LA PÂTE : 15 MIN
CUISSON : 5 MIN

POUR 4 PERSONNES

Pour la pâte

> 200 g de farine
> 1 cuill. à café de quatre-épices
> 10 cl d'huile d'olive
> 1 pincée de sel
> 5 cl de vin blanc sec
> huile de friture

Pour la garniture

> 150 g de confiture (ou de gelée) de raisin
> 80 g de noix caramélisées

> 300 g de sucre en poudre

Préparez la pâte. Mélangez la farine avec les épices, l'huile d'olive et le sel. La pâte doit s'effriter entre vos doigts. Versez petit à petit le vin blanc, mélangez bien. Façonnez une boule puis aplatissez-la et enveloppez-la dans du film alimentaire. Laissez reposer au frais 15 minutes.

Préparez la garniture. Mélangez la confiture de raisin avec les noix caramélisées concassées.

Étalez finement la pâte à l'aide d'un rouleau à pâtisserie et découpez dedans des petits carrés de 4 cm de côté. Déposez un peu de farce au milieu d'un carré puis recouvrez d'un autre carré de pâte. Appuyez sur les bords pour bien les souder, puis découpez les contours à l'aide d'une petite roue dentelée. Réalisez ainsi des raviolis jusqu'à épuisement des ingrédients.

Faites chauffer l'huile dans une sauteuse et plongez les raviolis dans l'huile chaude. Retirez-les quand ils sont dorés. Égouttez-les sur du papier absorbant puis roulez-les dans du sucre en poudre.

Laissez votre gourmandise vous guider dans le choix de la garniture : tous les fruits exotiques sont les bienvenus.

Chaussons aux fruits exotiques

PRÉPARATION : 20 MIN

POUR 12 CHAUSSONS

> 12 feuilles de riz

Pour la garniture

> 1 mangue
> 1/4 d'ananas
> le zeste de 1 citron vert
> 1 fruit de la Passion
> 2 kumquats

Préparez la garniture. Pelez et coupez la mangue et l'ananas. Râpez le zeste du citron. Coupez en deux le fruit de la Passion et retirez les graines à l'intérieur. Coupez tous les fruits en petits morceaux et mélangez-les.

Mettez à tremper une feuille de riz dans un bol d'eau chaude, mais pas bouillante. Étalez-la sur un plan de travail sec. Déposez un peu du mélange de fruits au milieu et fermez le chausson en pliant la feuille de riz en deux. Exercez une légère pression sur les bords, ils colleront tout seuls au contact de l'air. Réalisez ainsi des chaussons jusqu'à épuisement des ingrédients.

Pour accompagner : Dégustez les chaussons avec du sirop d'agave et une boule de sorbet au citron vert.

Pour une petite variante amusante de ces chaussons, ne fermez pas les disques de pâte : enfournez-les ouverts, vous aurez ainsi une pizza aux trois chocolats.

Chaussons aux trois chocolats

PRÉPARATION : 20 MIN

REPOS DE LA PÂTE : 15 MIN

CUISSON : 20 MIN

POUR 4 GRANDS CHAUSSONS, 8 MOYENS OU 12 À 15 PETITS

Pour la pâte

> 1 sachet de 250 g de préparation pour brioche (en grandes surfaces)

> 50 g de cacao

> 10 cl de lait

Pour la garniture

> 150 g de chocolat noir, au lait et blanc

> 20 cl de crème liquide

Préparez la pâte à brioche en suivant les instructions sur le paquet. Ajoutez le cacao à la pâte. Pour éviter que la pâte ne lève, divisez-la en plusieurs morceaux et aplatissez ceux-ci entre deux feuilles de papier sulfurisé. Laissez reposer au réfrigérateur pendant 15 minutes.

Préchauffez le four à 180 °C (therm. 6).

Préparez la garniture. Concassez grossièrement les 3 chocolats (réservez un peu de chocolat blanc pour la décoration).

Étalez finement la pâte à l'aide d'un rouleau à pâtisserie. Découpez des disques à l'aide d'un emporte-pièce ou d'un moule à chaussons. Déposez du chocolat et une cuillerée de crème liquide au centre de chaque disque. Fermez le chausson et appuyez bien sur les bords. Déposez les chaussons sur une plaque recouverte de papier sulfurisé et badigeonnez le dessus avec le lait. Enfournez pour 20 minutes environ, selon la taille des chaussons.

Faites fondre le chocolat blanc restant au bain-marie. Plongez une cuillère dans le chocolat fondu et effectuez des allers-retours au-dessus des chaussons, en laissant couler le chocolat, pour faire de jolies décorations.

La confiture d'agrumes est très simple à réaliser et demande un temps de cuisson très court. Vous serez surpris du succès que remporteront ces chaussons entièrement faits maison !

Chaussons à la confiture d'agrumes

PRÉPARATION : 30 MIN

REPOS DE LA PÂTE : 20 MIN

CUISSON : 35 MIN

POUR 4 GRANDS CHAUSSONS, 8 MOYENS OU 12 À 15 PETITS

Pour la pâte sablée

> 100 g de sucre glace
> 50 g d'amandes en poudre
> 1 pincée de sel
> 125 g de beurre
> 1 œuf + 1 jaune pour dorer
> 200 g de farine

Pour la confiture d'agrumes

> 50 g d'orange
> 50 g de citron
> 50 g de sucre
> 15 g d'eau
> 5 g de jus des agrumes utilisés

Préparez la pâte sablée (voir pas à pas p. 5). Préchauffez le four à 180 °C (therm. 6).

Préparez la confiture d'agrumes. Râpez les zestes de l'orange et du citron et ôtez la partie blanche de la peau. Détachez la pulpe des agrumes pour obtenir des quartiers. Pressez ce qu'il reste de l'orange au-dessus d'un bol pour en récupérer le jus. Mettez à cuire les zestes et la pulpe des agrumes avec le sucre et le jus. Laissez cuire pendant 15 minutes, les agrumes doivent être mous et bien confits, et le jus réduit.

Étalez finement la pâte sablée à l'aide d'un rouleau à pâtisserie. Découpez des disques à l'aide d'un emporte-pièce ou d'un moule à chaussons. Déposez un peu de confiture au centre de chaque disque, badigeonnez les bords de jaune d'œuf dilué avec un peu d'eau et fermez doucement les chaussons. Déposez-les sur une plaque recouverte de papier sulfurisé et badigeonnez le dessus de jaune d'œuf. Enfournez pour 20 minutes environ.

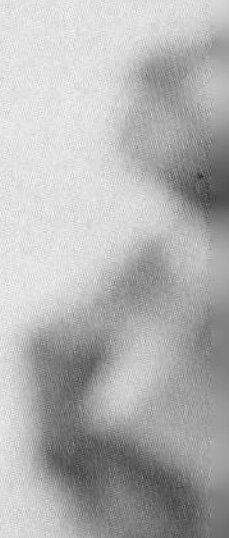

Ces chaussons très élégants sont à servir à la fin d'un repas raffiné : ils sauront séduire vos invités les plus exigeants.

Chaussons à la crème pâtissière au Grand Marnier

PRÉPARATION : 20 MIN
RÉFRIGÉRATION : 30 MIN
CUISSON : 23 MIN

POUR 12 À 15 CHAUSSONS

Pour la crème pâtissière
> 50 cl de lait
> 1 gousse de vanille
> 4 jaunes d'œufs
> 100 g de sucre
> 60 g de farine
> 5 cl de Grand Marnier

Pour la pâte
> 12 à 15 feuilles de pâte filo
> 150 g de beurre fondu
> sucre glace pour saupoudrer

Préparez la crème pâtissière. Faites bouillir le lait avec la gousse de vanille coupée en deux. Battez les jaunes d'œufs avec le sucre, jusqu'à ce qu'ils blanchissent. Ajoutez la farine et incorporez-la bien. Ajoutez doucement le lait chaud puis versez le tout dans la casserole. Portez à ébullition, puis baissez le feu et laissez cuire pendant 3 minutes environ. Ajoutez le Grand Marnier avant la fin de la cuisson. Versez la crème dans un saladier et recouvrez celui-ci d'un film alimentaire. Laissez la crème refroidir au frais. Quand elle a refroidi, sortez-la et mélangez-la pour lui redonner une consistance onctueuse.

Préchauffez le four à 180 °C (therm. 6).

Déroulez une feuille de pâte filo et découpez-la en 8 bandes. Superposez les bandes bien à plat sur une planche en formant un escalier (badigeonnez chaque couche de beurre). Déposez une cuillerée de crème au milieu et roulez les bandes. Répétez ces opérations jusqu'à épuisement des ingrédients.

Déposez les chaussons sur une plaque recouverte de papier sulfurisé et enfournez pour 20 minutes. Saupoudrez de sucre glace avant de servir.

Il existe bien des façons de préparer la rhubarbe et pas seulement en tarte ! Dans ce chausson, par exemple, associée à la framboise, la rhubarbe est exquise.

Chaussons framboises et confiture de rhubarbe

PRÉPARATION : 30 MIN
REPOS DE LA PÂTE : 20 MIN
CUISSON : 25 MIN

POUR 4 GRANDS CHAUSSONS, 8 MOYENS OU 12 À 15 PETITS

Pour la pâte sablée au chocolat

> 125 g de beurre mou
> 100 g de sucre glace
> 50 g d'amandes en poudre
> 20 g de cacao
> 1 gousse de vanille
> 1 œuf + 1 jaune pour dorer
> 200 g de farine

Pour la garniture

> 100 g de confiture de rhubarbe
> 125 g de framboises fraîches ou surgelées

Préparez la pâte sablée au chocolat. Mélangez le beurre avec le sucre glace, ajoutez les amandes en poudre, le cacao, la gousse de vanille (fendue en deux et grattée) et l'œuf. Tamisez la farine et incorporez-la à la préparation. Faites une boule puis aplatissez-la et enveloppez-la de film alimentaire. Laissez reposer la pâte au réfrigérateur pendant 20 minutes.

Préchauffez le four à 180 °C (therm. 6). Étalez finement la pâte et découpez des disques à l'aide d'un emporte-pièce ou d'un moule à chaussons. Déposez une cuillerée de confiture de rhubarbe et répartissez des morceaux de framboise au milieu de chaque disque. Badigeonnez les bords de jaune d'œuf légèrement dilué dans un peu d'eau.

Fermez bien les chaussons et dorez-les avec le jaune d'œuf. Déposez-les sur une plaque recouverte de papier sulfurisé et enfournez pour 20 à 25 minutes, selon la taille des chaussons.

Conseil : Manipulez délicatement la pâte sablée faite maison, elle est beaucoup plus fragile et friable que celle du commerce.

Pour cette recette, vous aurez besoin de pâte de pistache. Si vous n'en trouvez pas, remplacez-la par de l'extrait d'amande amère..

Chaussons ricotta, pistaches et abricots

PRÉPARATION : 45 MIN
REPOS DE LA PÂTE : 15 MIN
CUISSON : 20 MIN

POUR 4 GRANDS CHAUSSONS, 8 MOYENS OU 12 À 15 PETITS

Pour la pâte

> 1 sachet de 250 g de préparation pour brioche (en grandes surfaces)
> 1 jaune d'œuf pour dorer

Pour la garniture

> 30 g de sucre glace
> 125 g de ricotta
> 1 cuill. à café de pâte de pistache
> 100 g de pistaches mondées concassées (non salées)
> 100 g d'abricots moelleux
> quelques pralines

Préparez la pâte à brioche en suivant les instructions sur le paquet. Pour éviter qu'elle ne lève, coupez-la en morceaux. Aplatissez-les entre deux feuilles de papier sulfurisé. Laissez-les reposer au réfrigérateur pendant 15 minutes.

Préchauffez le four à 180 °C (therm. 6).

Préparez la garniture. Mélangez le sucre glace avec la ricotta, ajoutez la pâte de pistache et les pistaches concassées. Coupez les abricots en petits dés et ajoutez-les au mélange.

Étalez finement la pâte à brioche à l'aide d'un rouleau à pâtisserie. Découpez des disques à l'aide d'un emporte-pièce ou d'un moule à chaussons. Déposez, au centre de chaque disque, une petite cuillerée de garniture. Badigeonnez les bords des disques de jaune d'œuf dilué dans un peu d'eau. Fermez les chaussons en exerçant une légère pression sur les bords pour bien les souder. Dorez le dessus avec le jaune d'œuf et parsemez la surface de pralines concassées finement.

Déposez les chaussons sur une plaque recouverte de papier sulfurisé et enfournez pour 15 à 20 minutes, selon la taille des chaussons.

Ces chaussons seront délicieux en fin de repas ou pour accompagner un café. Quand la saison arrive, réalisez-les avec des figues fraîches.

Chaussons figues, raisins et noisettes

PRÉPARATION : 30 MIN
REPOS DE LA PÂTE : 20 MIN
CUISSON : 25 MIN

POUR 12 À 15 PETITS CHAUSSONS

Pour la pâte sablée
> 100 g de sucre glace
> 50 g d'amandes en poudre
> 1 pincée de sel
> 125 g de beurre
> 1 œuf + 1 jaune pour dorer
> 200 g de farine

Pour la garniture
> 25 g de raisins secs
> 15 cl de rhum brun
> 50 g de noisettes
> 100 g de confiture de figues

Préparez la pâte sablée (voir pas à pas p. 5).

Préchauffez le four à 180 °C (therm. 6).

Préparez la garniture. Mettez à tremper les raisins dans le rhum pendant 10 à 15 minutes. Passez les noisettes sous le gril du four pour en accentuer le goût, concassez-les ensuite au robot. Égouttez les raisins, mélangez-les avec les noisettes et la confiture de figues.

Étalez finement la pâte sablée à l'aide d'un rouleau à pâtisserie. Découpez des rectangles de 8 à 10 cm de longueur. Déposez une cuillerée à café de farce au milieu. Rabattez les côtés pour former un petit paquet. Retournez-les et dorez la surface avec du jaune d'œuf dilué dans un peu d'eau. Enfournez pour 20 à 25 minutes. Laissez les chaussons refroidir sur une grille.

Conseil : Servez les petits chaussons à l'heure du thé ou, pour changer, au petit déjeuner.

TABLE DES ÉQUIVALENCES FRANCE-CANADA

POIDS

55 g	2 onces	200 g	7 onces	500 g	17 onces
100 g	3 onces	250 g	9 onces	750 g	26 onces
150 g	5 onces	300 g	10 onces	1 kg	35 onces

Ces équivalences permettent de calculer le poids à quelques grammes près (en réalité, 1 once = 28 g).

CAPACITÉS

25 cl	1 tasse	75 cl	3 tasses
50 cl	2 tasses	1 l	4 tasses

Pour faciliter la mesure des capacités, une tasse équivaut ici à 25 cl (en réalité, 1 tasse = 8 onces = 23 cl).

Direction de la publication Isabelle Jeuge-Maynart et Ghislaine Stora
Direction éditoriale Delphine Blétry
Édition Mathilde Piton avec la collaboration de Julie Tallet et de Johana Amsilli
Direction artistique Emmanuel Chaspoul
Mise en page Black & White
Relecture-correction Joëlle Narjollet
Couverture Véronique Laporte
Fabrication Annie Botrel

L'auteur remercie Massimo pour ses belles photos et sa grande patience, Iryna pour son aide précieuse pour la réalisation des photos des pas à pas, Delphine Blétry pour son œil avisé et ses conseils judicieux et Mathilde Piton pour la relecture attentive des textes.

Pour le stylisme : Maison des rêves http://www.maisondesreves.com / Mis en demeure http://www.misendemeure.com / Linge au cœur www.lingeaucoeur.com / Bon marché / Atelier Intemporel-Françoise Bodel / La paresse en douce / Compagnie française d'Orient et de Chine http://www.cfoc.fr

ISBN 978-2-03-586500-7

Photogravure Turquoise, Émerainville

Imprimé en Espagne par Gráficas Estella

Dépôt légal : janvier 2012 - 307130/01 - 11014793 - décembre 2011